Date

MW01063758

Date

Date

Date

Date

Date

Date

Date

Date

Date

Date

Date

Date

Date

Date

Date

Date

Date

Date

Date

Date

Date

Date

Date

Date

Date

Date

Date

Date

Date

Date

Date

Date

Date

Date

Date

Date

Date

Date

Date

Date

Date

Date

Date

Date

Date

Date

Date

Date

Date

Date

Date

Date

Date

Date

Date

Date

Date

Date

Date

Date

Date

Date

Date

Date

Date

Date

Date

Date

Date

Date

Date

Date

Date

Date

Date

Date

Date

Date

Date

Date

Date

Date

Date

Date

Date

Date

Date

Date

Date

Date

Date

Date

Date

Date

Date

Date

Date

Date

Made in the USA
Las Vegas, NV
08 November 2023

80367222R00056